Beim Puppendoktor

Beim Puppendoktor

Bilder von Ingeborg Meyer-Rey

Verse von Walter Krumbach

BELTZ
Der **Kinderbuch**Verlag

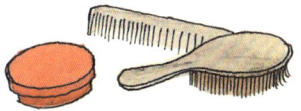

Heidi spielt mit Monika,
artig sitzt ihr Püppchen da.
Monika kann richtig stehn,
an der Hand sogar schon gehn.

Heidi wäscht und kämmt sie dann,
zieht ihr Kleid und Schuhe an,
setzt sie in den Stuhl hinein,
es wird Zeit zum Essen sein.

Heidi rührt den Puppenbrei.
Puck, der Dackel, kommt herbei,
weil er auch gern spielen will,
doch die Monika bleibt still.

Aber ihm gefällt es nicht,
dass die Puppe gar nicht spricht,
und er bellt und trägt sie fort
in die Ecke unters Bord.

Heidi lässt den Brei nun stehn,
will nach ihrer Puppe sehn,
jagt den Dackel gleich davon,
aus dem Fenster springt er schon.

Plumps! Er fällt ins Regenfass
und sein Fell wird pudelnass!
Nur mit Müh' kommt er heraus
und verschwindet hinterm Haus.

Püppchen wird aufs Bett gelegt.
Heidi ist sehr aufgeregt,
denn der Puppe fehlt der Zopf
und sie hat ein Loch im Kopf!

Auch die Finger sind verletzt.
Heidi sucht sich Lappen jetzt,
wickelt dann um Kopf und Hand
selber schnell den Notverband.

In den Wagen kommt das Kind,
denn es muss zum Arzt geschwind.
Heidi fährt nun eilig hin
zu der Puppendoktorin.

Viele Leute sitzen da,
Puppen, Teddys mit Mama
warten auf der langen Bank,
jedes Puppenkind ist krank.

Diesem fehlt das rechte Bein,
jenes nimmt kein Essen ein,
und ein brauner Teddybär
fürchtet sich vorm Kater sehr.

Krank ist auch der Hampelmann,
weil er nicht mehr strampeln kann,
und ein andres kleines Kind
ist auf einem Auge blind.

SPRECH-
STUNDE
VON
9–12

Eine Puppenmutter klagt,
dass ihr Kind nicht „Mama" sagt,
schon zwei Jahre sorgt sie sich,
taubstumm ist es sicherlich.

Und ein Baby lernt nicht stehn,
das ist ihm gleich anzusehn,
seine Knochen sind zu weich,
Lebertran bekommt es gleich.

WARTE-
ZIMMER!

Seht, wer kommt denn da herein?
Das ist ja das Kasperlein,
weit und breit, in Stadt und Land
allen Kindern wohlbekannt!

Unser Kasperle ist krank,
weil er kaltes Wasser trank,
bittre Pillen schluckt er nun,
darf drei Tage gar nichts tun.

Jetzt erzählt uns Gisela,
was mit ihrem Kind geschah:
„Meine Puppe, dick und rund,
war noch gestern kerngesund.

Heute ist sie dünn und blass,
jeder sagt: Der fehlt doch was!
Ja, sie schlenkert hin und her,
kann nicht stehn, nicht sitzen mehr.

Doch ich weiß, mein Bruder Klaus
nahm das Sägemehl heraus,
für sein Holzpferd, sagte er,
weil es gut als Futter wär.

Als ich weinte, gab er mir
seinen roten Ball dafür.
Die Frau Doktor hilft gewiss,
heilt das Kind und näht den Riss."

Heidi soll die Nächste sein,
geht ins Zimmer nun hinein.
Freundlich winkt die Doktorin,
Heidi hält die Kranke hin.

„Ach, Frau Doktor, sehn Sie doch,
hier im Kopf das große Loch
biss dem Püppchen unser Hund,
bitte machen Sie's gesund!"

Sorgsam untersucht die Frau,
fühlt und klopft und horcht genau,
löst vom Kopf und von der Hand
auch den alten Notverband.

Zugenäht wird dann der Spalt,
Salbe heilt die Wunden bald,
frisch verbunden wird der Kopf,
angeklebt ein neuer Zopf.

„Wird das Kind nun recht gepflegt
und nicht immerzu bewegt,
ist es Sonntag schon gesund,
hüten Sie es vor dem Hund!

Etwas Milch und Haferbrei
ist die beste Kost dabei;
sollte es vielleicht noch schrein,
geben Sie ihm Tropfen ein."

Heidi zieht die Puppe an,
legt sie in den Wagen dann,
dankt auch noch der Doktorin
für die gute Medizin.

Und sie fährt nach Haus geschwind
mit dem kranken Puppenkind,
das muss heut und morgen nun
still in seinem Bettchen ruhn.

Dieses Buch ist erhältlich als:
ISBN 978-3-407-77080-6 Print

© 2006 Beltz | Der KinderbuchVerlag
in der Verlagsgruppe Beltz · Weinheim Basel
Werderstraße 10, 69469 Weinheim
Erstmals erschienen 1955
Alle Rechte vorbehalten
Neue Rechtschreibung
Druck und Bindung: Beltz Grafische Betriebe, Bad Langensalza
Beltz Grafische Betriebe ist ein klimaneutrales Unternehmen
(ID 15985-2104-100).
12 13 14   24 23 22

Weitere Informationen zu unseren Autor:innen und Titeln
finden Sie unter: www.beltz.de